सृजनगंधा

चन्द्रभाल सुकुमार

Title : Srijangandha

Author : Chandrabhal Sukumar

Edition : First (August, 2024)

ISBN : 9788197785795

Copyright © 2024, All Rights Reserved by Author

Published by

PRACHI
DIGITAL PUBLICATION

Regd. Add.: 254, Khuriyakhatta No. 10, Bindukhatta,
Lalkuan, Nainital - 262402, Uttarakhand, India
Website : www.prachidigital.com
E-mail : info@prachidigital.in
Phone : +91 976041 7980, +91 976041 8103

Printed by :

Manipal Technologies Limited, Bengaluru - 560001, Karnataka

मंगलाचरण

कबित बिबेक एक नहिं मोरें
सत्य कहउं लिखि कागद कोरें

– तुलसीदास

मसिकागदमय सब जग जानी
बंदउं जननी बीनापानी

– सुकुमार

अनुगंध

- 'सृजनगंधा' में मूलतः मेरी प्रारम्भिक रचनाएं हैं.

- 'संस्कृत काव्य' में कुछ वंदनाएं, गीति, श्लोक आदि हैं. पहली वंदना 'नमामि' 1965 में लिखी गयी है जब मैं कक्षा 12 का विद्यार्थी था. 'अवशेषः' भी उसी काल का आलेख है. मुझे संस्कृत व्याकरण का अधिक ज्ञान नहीं है यद्यपि संस्कृत साहित्य से मुझे अगाध प्रेम है. संभवतः इसी प्रेम ने कालान्तर में मुझसे महाकवि कालिदास के 'मेघदूतम्' का काव्यानुवाद करा लिया जो उत्तर प्रदेश हिंदी संस्थान से पुरस्कृत भी हुआ है. 'माघमासे' हलके मूड की पैरोडी-सी रचना है. बस मकार का आकर्षण ही आनन्द है.

- 'भाषांतर' में कुछ संस्कृत, बंगला व अंग्रेजी कविताओं/गीतों के अनुवाद हैं. 'चौर पंचाशिका' के काव्यानुवाद की लालसा मेरे मन में बहुत दिनों से रही है किंतु मात्र तीन छंद ही अनूदित हो पाए हैं. आगे जैसी मां वीणापाणि की इच्छा!

- 'गीत' में कुछ छूटे हुए गीत हैं जो पूर्व प्रकाशित गीत-संग्रहों में नहीं आ पाए थे.

- 'विविधा' में कुछ स्फुट रचनाएं हैं. 'अभिनव कुमार संभव' एवं 'अभिनव सुंदर कांड' जो पूर्व प्रकाशित हैं, उनके एक-एक नए छंद इधर सृजित हुए हैं. कभी उन पुस्तकों के नए संस्करण निकले तो उनमें इन्हें सम्मिलित करने का प्रयास करूंगा.

- 'प्रतिबिम्ब' में दो-दो पंक्तियों की रचनाएं हैं जो मुख्यतः मेरे लेखन के शुरुआती दौर की हैं. इनकी प्रेरणा संभवतः श्लोक व दोहों से मुझे मिली क्योंकि तब तक शेर या गजल से मेरा कोई परिचय नहीं था.

❑ 'एक पंक्ति मेरी भी' का शिल्प अनूठा है . मैंने ग़ालिब, 'अकबर' इलाहाबादी तथा फिराक़ के कुछ शेरों में अपनी एक पंक्ति जोड़ी है . यह प्रयोग शेर पढ़ते वक्त स्वत: और अनायास ही बन पड़ा है जो मुझे रुचिकर भी लगा .

आत्मीय अभिवादन एवं आभार सहित,

चन्द्रभाल सुकुमार

आषाढ़ी पूर्णिमा,
21 जुलाई, 2024
काशी

अनुक्रम

संस्कृत काव्य

1. नमामि

नेत्रारविंदांजनरंजकाय
ज्ञानेन्द्रधर्माय मतीश्वराय।
सत्येन्द्र देवार्चित पाद-पद्म-
शांताय भक्त्या गुरवे नमामि।।

नमामि विद्यारत-धी-धनाय
वाणी-कला-पंकज-भूषिताय।
गभीरधैर्याय यशोम्बराय
क्षमापरायाचर्य्यमहीसुराय।।

मंदाकिनीधारिजटाधिराजं
गौरीपतिं मन्मथदाहहेतुम्।
भस्मांकितांगं विमलेंदुभालं
नमामि साक्षाच्छिव नीलकंठम्।।

नागेंद्रहारं त्रिविलोचनाह्वं
शुभ्राभ्रदेहं भुजबद्धसर्पम्।
कैलासनिष्ठं गिरिराजवंद्यं
भक्त्या नतोऽहं भवभूतिनाथम्।।

2. कृष्णं किशोरी-सहितं नमामि

नीलाभ्रवर्णं मधुरावतारं
वंशी-विशेषं ब्रज-गोपिकेशं।
नित्यं वसंतं मथुरारविन्दे
कृष्णं किशोरी-सहितं नमामि।।

कलिन्द-कन्या-कमनीय-शीला-
लीला-तरंगाकुल-कूल-वासं!
प्रिया-विलासं यमुनारि-त्रासं
कृष्णं किशोरी-सहितं नमामि।।

काव्यानुप्रासं नव-छंद-हासं
गीत-स्वरूपं रमणीय-रूपं!
राजाधिराजं रस-राज-राजं
कृष्णं किशोरी-सहितं नमामि।।

कथा अनंतं मुरली वदंतं
सुधा-स्रवंतं नवकेलि-मंतं!
राधा भजंतं भव-भूतिवंतं
कृष्णं किशोरी-सहितं नमामि।।

रमा-रमंतं महिमा अनंतं
सदा वसंतं नित-रास-वंतं।
वृंदावन-श्री-सिकता-भ्रमंतं
कृष्णं किशोरी-सहितं नमामि।।

3. व्रज-गंधा

अहो अनाघ्राता व्रज-गंधा!

वसुधा-विख्याता व्रज-गंधा
पारिजात-जाता व्रज-गंधा

काव्योत्तुंग-शिखर-संज्ञाता
रस-सागर-स्नाता व्रज-गंधा

वागर्थाविवसिद्धिदायिनी
स्कंदानुज-माता व्रजगंधा

उपमा-यमक-श्लेष-शुचिगाता
अहो अनाघ्राता व्रजगंधा

निगमागम-पुराण-निष्णाता
नवभावोद्गाता व्रज-गंधा!

4. वंदना

1.

गणेश-लक्ष्मी-प्रिय-पूजिताय
सरस्वती-स्कंद-सुवंदिताय।
उमा-महाशक्ति-समाहिताय
कपीश-रूपाय नमः शिवाय।।

2.

आद्याभिषेकिता काव्य-कला-प्रसंगे
स्नाता त्रिपाद-पीयूष-तरंग-भंगे!
सारंगनाथ-गौरी-सह-नृत्य-भूता
ब्रह्मा-वसंत-सेव्या जय देवि वाणी!!

3.

आद्याभिषेकिता काव्य-कला-प्रसंगे
स्नाता सुरम्य साहित्य-सरित्प्रवाहे
आराधिता अनंगाधिप-नृत्य-भूता
नित्या सुवंदनीया जय देवि वाणी!

4.

चक्रेश्वराय गोवर्द्धन-पूजिताय
गोकर्ण-गोप-गलतेश्वर-नीलकंठ
रंगेश्वराय कालिंदी-कूलिताय
भूतेश्वराय वरदाय नमः शिवाय

5.

लक्ष्मी-प्रसन्नाय व्रजेश्वराय
वंशी-महारास-रस-प्रदाय
नीलाभ्र-देहाय नमः स्मिताय
श्री द्वारकाधीश-पदांबुजाय

6.

सुवंदिता सूर्य-सुता सुमोक्षदा
सुरार्चिता सर्व-सुतीर्थ-सेविता
कलिन्द-गिरि-पुण्य-प्रताप-निर्गता
रसामृता वरदा देवि यमुना!

7.

कनक-कांति-विभूषित-मंगलायतन-देह-सुरंजित-लोचनम्
भव-विकार-विषाद-विमोचनं पवन-पुत्र नमामि नमामि हे!

5. माघमासे

माघ मासे महादेव : मंदाकिनी–महिम्न च
महापुण्यकरी मथुरा मार्तण्डजामहार्चनम्।
महाकाल महानगरी महाकाव्य महाकवि :
मंजुला मंदाक्रांता मेघदूतास्वादनम्।।

6. नलिनम्

प्रथम कवि-कुमारं हर्ष-मोदावतारं
प्रणय-जल-मरालं प्रेम-जालं-प्रवालं
जननि-जग-प्रकाशं हेमहासं सुभाषं
नलिन-मुख-मयंकं किं न पश्यामि नित्यम्?

चन्द्राननं, कंदुक-हस्त-सेवितं
दुग्धान्न-टाफी-फल-चारु-भक्षणं
लीलावती-हर्ष-प्रमोद-कारकं
पश्यामि नित्यं नलिनं प्रियात्मजम्।

7. अवशेष:

अद्य महाकालस्यभगवत:मृत्युंजस्य मनोहारिणी नगरी काशी-उन्नति-शिखरे भारतीयसंस्कृतिप्रतिनिधिस्वरूपम् स्वस्वर्णिमविजयकेतुम् धून्वन् प्रतिपलावरतोन्मत्तमन्दाकिनी सदृशा सहस्रारस्य स्फुरित पाद-पद्ययो: विहरति। अस्त्यया: निर्मलरात्रिषु चन्द्राकाराकृत्यानुवर्तमाना गंगा या समुद्राभिगमनाकांक्षीभूत्वा साक्षात्शारदशश्येव अस्यां भूमावतरदितिप्रतिभाति पुण्य सलिलाया: भगवती भागीरथ्यास्तटे दृश्यतेऽस्या: सौन्दर्यम्। अस्ति कस्य मानवहृदयकांचनम् यत् तीव्रतमलोचनम्-जटायुम् चमत्कर्तादित्य: इव संस्कृतितारिकाया: दर्शनमात्रेण हि न तरलयति –

अस्त्युत्तरस्यां दिशि देव तुल्या
वाराणसी नाम नगरीश्वरीया

एवमस्यामीश्वरीयायांनगर्यामिन्त:करण-कंजे महाराजजयनारायणघोषालस्यास्त्यविस्मर णीयस्नेह: – जयनारायणविद्यालय: यस्यादर्शकथैतस्या: नभ-मण्डले पवनेन सह गुंजति –

''कदाचिदेष: विद्यालय: भारतवर्षस्याभूतपूर्व: विद्यालय: आसीत्, यस्य भग्नावशेष: नूतनानां विद्यालयानाम् निर्माणकारण: कथ्यते।'

भारत: स्वतन्त्रमभवत्, परं शनै: शनै: अयम् विद्यालय: अवनतिपथे विचरनस्यां परिस्थिताववविशत्।अद्यापि 1814 ईश्वीयसम्वदियम् पुण्यतिथि:, यस्या: विलासस्य मादककथां श्रुत्वा सम्पूर्णविश्व: चमत्कृत:, चकितश्चासीत्, विलखति निखिले भारतवर्षे।

अत: वयमस्य विद्यालयस्य पुरातनछात्रा: स्वीयंकर्तव्यं स्मरन्, यत् किमप्यवशिष्टं यश: अस्ति, तेन सह सहयोगप्रदानं कुर्याम्, येनास्माकं विद्यालय: फलिष्यति प्रफुल्लयिषति च।

भाषांतर

1. श्री हर्षदेव के संस्कृत श्लोक का अनुवाद

करूं आराधना कैसे खड़ी हो पांव पर अपने
झुकी जाती है सारी देह यौवन-भार पाने से
तुम्हारे माथ पर कैसे चढ़ाऊं दो बता शंकर
बिखर जाती है फूलों से भरी अंजुलि उठाने से!

2. झटति प्रविश गेहे

(संस्कृत के दो श्लोकों का काव्यानुवाद)
(झटति प्रविश गेहे ……. सोयम् न रमते ….. शीला भट्टारिका)

निकलो न घर से बाहर बेला ग्रहण की है
फिरता तलाश में है अभी राहु चांद की

सूना नदी का तीर नहाती-सी चांदनी
आती महल में नींद न वो रात याद कर

3. चौर पंचाशिका

महाकवि बिल्हण कृत चौर पंचाशिका (चोरी का प्रेम) का काव्यानुवाद

1.

देर से सोकर उठती प्रात
अलस अंगड़ाई लेते अंग
प्रमादी की विद्या की भांति
बनाता विह्वल जिसे अनंग

स्वर्ण-चम्पा-सी गोरी देह
खिले कमलों-सी मुख की आभ
नाभि की रोम-पंक्ति कमनीय
प्रकट करती यौवन का लाभ!

आज भी उस प्रेयसि की याद
हृदय में भर देती उन्माद!

2.

नवागत यौवन से परिपूर्ण
काम के कलश पयोधर पीन
मदन के अग्नि-शरों से तप्त
तड़पती जैसे घायल मीन

गौरवर्णा प्रियतमा अबोध
चन्द्र-नव-किरण-कांति में स्नात

अगर लूं एक बार फिर देख
सहज शीतल कर लूं निज गात!

आज भी उस शशिमुखि की याद
हृदय में भर देती उन्माद!

3.

अगर लूं एक बार फिर देख
कमल-दल-नयनी को निर्विघ्न
रस-भरे युगल कुचों का भार
वहन करने में लगती खिन्न

गूढ़तम आलिंगन में बांध
करुंगा अधरों का रस-पान
कमल की पंखुरियों के बीच
प्यास से पागल मधुप-समान!

आज भी उस मधुमुखि की याद
हृदय में भर देती उन्माद!

4. अतुलित बल धामम्

(संस्कृत के कुछ सुप्रसिद्ध श्लोकों का हिन्दी काव्यानुवाद)

जो अतुलित बलशाली, तन से अदभुत् हेम-कांति झरते हैं
दनुज-दर्प-वन-दहन, ज्ञान के मंगल मेरु-शिखर लगते हैं
सकल गुणों के धाम, जो कि कपि-कुल-नेतृत्व-ध्वजा धरते हैं
रघुपति के प्रिय भक्त, वायु के नंदन तुम्हें नमन करते हैं!

जो मन से उत्पन्न, वायु का अविजित प्रबल वेग धरते हैं
जो इन्द्रिय-जित्, विद्वत्ता में पहली वरिष्ठता रखते हैं
जो वातात्मज, वानर-सेना का अधिनायकत्व गहते हैं
शीश झुका श्री राम दूत को शत-शत बार नमन करते हैं!

जहां-जहां रघुनाथ-कथा-कीर्तन के स्वर झंकृत् रहते हैं
तहां-तहां अंजुलि को जोड़े, मस्तक जो कि नमित रखते हैं
भावोद्रेक-जनित-जल-कण भी जिनकी आंखों से झरते हैं
उद्धत-राक्षस-कुल-संहारक, मारुति तुम्हें नमन करते हैं!

सीताराम-गुणों के पावन निधि-वन में विचरण करते हैं
जो विशुद्ध विज्ञानी, मन का वेग-विषाद हरण करते हैं
जो कि स्वयं कवि-उर में नव अक्षर-रस-छंद-सृजन करते हैं
आज कवीश्वर और कपीश्वर का शत-शत वंदन करते हैं!

हे शांत सुशाश्वत-पुण्य-मोक्ष-पद-अप्रमेय
अज-शंभु-शेष नित सेवित विभु वेदान्त गेय
जगदीश्वर सुरगुरु मायानर हरि नाम राम
करुणाकर रघुवर भूपेश्वर को है प्रणाम!

कामना न कोई अन्य हृदय मेरे रघुपति
कहता हूं सत्य, विदित तुमको हर अंतर-गति
निर्भरा भक्ति दो मुझको रघुकुल-मणि उदार
कामादिदोष से रहित करो मन निर्विकार!

अतुलित बलशाली, स्वर्ण-शैल-सी देह धन्य
दानवारण्य-पावक, ज्ञानी तुम अग्रगण्य
सम्पूर्ण गुणों की निधि, कपि-कुल-नायक ललाम
रघुपति-प्रिय-भक्त, समीरात्मज तुमको प्रणाम!

5. गीतांजलि

आज मानो प्रिय, मेरी बात
मुझे बैठा लो अपने पास
बाद में होंगे बाकी काज
मना लूं पल भर का अवकाश

तुम्हारे बिना न उर को चैन
न मन को ही मिलता विश्राम
उफनते सागर–जल की भांति
जटिल लगता है जग का काम

छोड़ता हुआ गर्म उच्छ्वास
उतरता आंगन–बीच वसंत
मधुप–दल चूम–चूम कलि–कान
गुनगुनात बागों में, कंत!

चाहती हूं बैठी चुपचाप
तुम्हारे सम्मुख मेरे मीत
आज गाती जाऊं अविराम
पूर्ण जीवन–अर्पण का गीत!

रवीन्द्रनाथ टैगोर

6. अंग्रेजी कविताओं के अनुवाद

1.

ओ सागर-तरंग टकराना,
टकराना, टकराना
भूरी, निर्दय चट्टानों से
टकराना, टकराना!

अंतर के खंडित भावों को
कब वाणी करती अभिव्यंजित?
कितनी असमर्थता? हो सके
तो तू ही कह जाना

मछुआरे का बेटा तट पर
बहन संग खेलता पुलककर
खाड़ी में नौका खेता गा
नाविक-सुत मृदु गाना

लो, जहाज बंदरगाहों में
लौटे, मैं तकता राहों में
फिर न सुनाते वे स्वर, खोया
वह प्रिय स्पर्श सुहाना!

मधु सौंदर्य भरे बीते दिन
आते कभी लौटकर, साथिन,
पूछो तो इस शिला-चरण से
सच-सच तू बतलाना?

✍ टेनीसन

2.

(पी . बी . शैली की अंग्रेजी कविता ' ए लेमेंट ' का भावानुवाद)

वे दिन!
(निष्ठुर काल के प्रति)

ओ विश्व! ओ जीवन! ओ समय!

तुम्हारे आखिरी सोपानों पर चढ़ते हुए
मेरे कदम क्यों लड़खड़ा रहे हैं,
जो कभी दृढ़ता से खड़े रहते थे
दुर्दम्य प्रतिकूलताओं में भी!

क्या वे सुनहले दिन फिर कभी लौट पाएंगे?
कभी नहीं! आह, कभी नहीं!

दिवस और रजनी के एअरपोर्टों से
सुख के जहाज उड़ते जा रहे हैं,
वसंत, ग्रीष्म व शीत की ताजी हवाओं के झोंके
क्या मेरे दुखित हृदय को
फिर से आह्लादित कर पाएंगे?
कभी नहीं! आह, कभी नहीं!

3.

सभी जानते हैं
उगते सूर्य का समय
किंतु कोई नहीं जानता
उगते समय का सूर्य!

4.

मेरे हृदय की सर्वोत्तम कविता हो तुम
अति सुंदर, अति चंचल
जीवन है एक प्यारी-सी ट्रेन
सदैव चलने को, आगे बढ़ने को उत्सुक!

गीत

1. गीतार्चना

नमामि हंस वाहिनी
विशुद्ध बुद्धि-दायिनी
निरभ्र चंद्र-हासिनी
सरोज-पत्र-वासिनी

पुराण-वेद-वंदिता
अनेक रत्न-मंडिता
स्मरामि देवी शारदा
करो विनष्ट आपदा

दयामयी, क्षमामयी
कलामयी, विधामयी
प्रसन्न हो सु-भारती
करें सदैव आरती

सु-काव्य-श्री-सु-संपदा
सु-सिद्धि दे हमें सदा
असंख्य राग-रागिनी
भजामि ब्रह्म-भामिनी !

2. शिव-गीतिका

जय-जय काशीपति जग-वंदित
सुर-नर-मुनि-किन्नर-अभिनंदित

महादेव गणपति-मति-दायक
जगत्-जननि के परम सहायक

जय-जय नीलकंठ शशि-मंडित! ||1||

हनूमान प्रिय मूर्ति तुम्हारी
रामचन्द्र-पद-पद्म-पुजारी

जय त्रिशूलधारी जय त्रिनयन
विश्वनाथ त्रिपुरारि मुदित-मन

तू दयालु तू अति उपकारी! ||2||

महाशारदा-बुद्धि-प्रदाता
कला-ज्ञान-विज्ञान-विधाता

पारिजात-प्रिय त्रिभुवन-रक्षक
भस्म-विभूषित मंगल-दायक

जय नटराज नृत्य-उद्गाता! ||3||

सुर-सरि-सलिल तुम्हें अति भाता
वक्रचंद्र सिर पर मुस्काता

अंग-अंग नागों की माला
एकासन तन पर मृग-छाला

गीत तुम्हारे सब जग गाता!　　　　॥4॥

पंचमुखी तेरी छवि न्यारी
मन-मोहित गिरिराज-कुमारी

शिखर-वास कैलास तुम्हारा
कार्तिकेय-सा तुमको प्यारा

वट-छाया निर्मल सुखकारी।　　　　॥5॥

3. बलदेव

जय जय जय बलदेव तुम्हारी
शीश झुकाए दुनिया सारी

हमें ज्ञान दो, हमें मान दो
जीवन में नूतन विहान दो
इच्छा पूरी करो हमारी

कीर्ति-कलश चमके अंबर में
वरण करें हम विजय समर में
घर-घर में बिखरे उजियारी!

4. नलिन के लिए

आया बरही का उत्सव है
गूंज रहा शिशु का मृदु-रव है

आंगन में ढोलक बजते हैं
झाल मजीरा भी सजते हैं
हर गाना, हर सरगम नव है

आशाओं का फूल खिला है
सबका आशीर्वाद मिला है
यह किसके आश्रम का लव है?

5. निर्झर-सा

प्रिये तुम्हारे बिना एक दिन
मानो वर्ष हजार!

जब-जब विकल फूट पड़ता है
निर्झर-सा मृदु हृदयोद्गार
प्राण, तुम्हारी मधुमय स्मृतियां
चुपके से मेरे कानों में
भर देतीं गुंजार!

बिछुड़न- लम्बा महाकाव्य है
मिलन- नई छोटी-सी कविता
एक अगर है पागल सागर
एक मंद गति बहती सरिता
दोनों में है प्यार!

सजनि, तुम्हारे बिना खो गया
जीवन का आधार!

6. रजत-रश्मि

आई रजत–रश्मि की रात
सुमधुर–सुमधुर सुमृदुल–सुमृदुल सुरभित–सुरभित वात
प्रीति अनूठी बनी हृदय के सावन की बरसात
हुई न थी 'सुकुमार' कभी जो आज हुई वह बात
खुले अचानक अंतःस्थल के अंतर्पट अज्ञात!

7. किरण-जल से

अब अंधेरा खो चुका है
अब सवेरा हो चुका है
सप्तरंगी किरण-जल से
रवि मुंडेरा धो चुका है!

जागने का यह प्रहर है
गूंजता हर ओर स्वर है
कौन चुपके से क्षितिज पर
बीज नूतन बो चुका है!

फैलता अनुराग जल पर
बांसुरी जैसे गजल पर
नीड़ में ज्यों विहग थक कर
गीत तेरा सो चुका है!

विविधा

1. गद्य-गजल

दिवस बीता

कलश रीता

खिंची अधरों पर कचहरी के वही मुस्कान

मुल्जिम साफ छूटा ----- सहज जीता

पोथियों में बंद रामायण, टिफिन लेकर अकेली

दफ्तरों में ढूंढती अब नौकरी सीता

चलो इतिहास से हम पूछ लें ---- लड़का बहुत छोटा

गया पकड़ा पुलिस द्वारा चरस पीता

बदलने लग गए हैं लोग ---- वह अर्जुन

सुनाता कृष्ण को गीता

पड़ा है जिंदगी के क्षितिज पर घायल, घिसटता

तड़फड़ाता समय का चीता!

2. ए सांग नाठ सो स्वीठ.........

ए फूड विदाउट राइस
हाउ कैन आई से इट नाइस

ए कप आफ टी विदाउट सुगर
इट सेव्स द फ्यूचर

ओह पोटैटो, माई डियर
आई मिस यू फार इवर!

3. अभिनव कुमार संभव

अभिनव कुमार संभव : काव्य नाट्य (एक अतिरिक्त छंद)

(वीणा झंकृत् करते नारद का प्रवेश)

नारायण नारायण! मनसिज जागे या सोए हैं
विजया की मादकता में लगता अब तक खोए हैं

अरे मदन भैया क्या भाभी फिर से रूठ गयी हैं
सामवेद में आज ऋचाएं किसने लिखी नयी हैं?

देवों के जो देव जिन्हें हम महादेव कहते हैं
शीष झुका दुर्दांत दनुज भी जिन्हें नमन करते हैं

आज उन्हीं से टकराने को तुम तूफान बनोगे
सूरज से लड़ने को नव स्वछंद विहान बनोगे

थोड़ा ठहरो, रति भाभी को अभी बुला लाता हूं
कितना साहस है देखूंगा, शीघ्र लौट आता हूं!

(रति भाभी, रति भाभी .... कहते कहते नारद का नेपथ्य में गमन)

4. अभिनव सुंदर कांड

(अभिनव सुंदर कांड का एक अतिरिक्त छंद)

तरु-पल्लव में छिपकर विचारते हनूमंत
किस भांति सह रहीं जनक-सुता यह दुख दुरंत
आया दशकंध तभी उपवन में लिए संग
नव नारि-वृंद दमकता काम-रस अंग-अंग
हे सुमुखि सयानी सुनो कहा दसमुख गर्वित
नारियां सकल रति-रंजित मंदोदरी-सहित
तेरी अनुचरी करुंगा मैं यह प्रण अपना
यदि एक बार ले देख मान मेरा कहना
सीता को समझाया रावण ने विविध रीति
दिखलाकर दारुण साम-दाम-भय-दंड-नीति!

प्रतिबिम्ब

(कुछ शेर / द्विपदिकाएं)

1. जिंदगी

आजकल की जिंदगी भी क्या हो गई है
न हल होने वाली समस्या हो गई है!

जिंदगी एक उदास-सी शाम
जितनी गहरी उतनी अभिराम

जिंदगी तो बिकती नहीं हाटों में है
जिंदगी फूलों में नहीं, कांटों में है

जिंदगी एक सरिता है
कहानी नहीं, कविता है

जिंदगी तो रोज बदलने का नाम है
यानी दिन का गुजर जाना ही शाम है

जिंदगी बिना प्यार की कहलाती नहीं
यानी वह स्त्री नहीं जो शरमाती नहीं

जिंदगी पर्वतों की लंबी यात्रा है
यानी सुख की कम, दुख की अति मात्रा है

जिंदगी का राज सब नहीं जानते हैं
यानी कम लोग मंजिल पहचानते हैं

जिंदगी का जहाज है जगत् में उड़ता
यानी रास्ता कभी पीछे नहीं मुड़ता

वह जिंदगी मस्तानी तब भी थी, अब भी है
वह सादगी नादानी तब भी थी, अब भी है

क्या खूब थे जिंदगी बर्बाद करने के दिन
भूल जाऊं किस तरह मैं याद करने के दिन

प्रिये, फिर आ गई नई जिंदगी-सी बरसात
देखो कि जी को लुभा रही बादलों की पांत

मालूम कि उलझनों में जिंदगी बितानी है
अभी तो तारों-सी जगमगाती जवानी है

ये लेकर रचे कोई जीवन की परिभाषा–
आने की आशा, आ, न जाने की अभिलाषा

हर बरस बदल जाती हैं जिंदगी की राहें
फिर भी मिटती नहीं कुछ याद, पुरानी चाहें

बीती बातों को भूलना आसान नहीं है
जिंदगी केवल अधरों की मुस्कान नहीं है

इस हृदय में जीवन भर, प्रिये
फूल खिलाए तुम्हारे लिए!

जीवन की विडंबना देखा
सच देखा या सपना देखा

जीवन में अब अवकाश कहां
मधु-भूमि, मदिर आकाश कहां?

झड़ चुके हैं डाल के सब फूल
शेष जीवन में रहे अब शूल!

खो गई जाने कहां कब मुझसे दोस्तों
जिंदगी थी कि शकुंतला की अंगूठी

जिंदगी है एक रोटी सेंकने से जो
अधिक मीठी औ' अधिक स्वादिष्ट होती है!

लोग कहते चांद-तारों ने बनाई जिंदगी
मात्र ढाई अक्षरों की है पढ़ाई जिंदगी

गजल के कुछ रंग
जिंदगी के संग

साहित्य जीवन के लिए
जीवन साहित्य के लिए

जगत को धोखा बताते हो मगर क्या जिंदगी
समझ कर भी समझ पाते हो मगर क्या जिंदगी

जिंदगी बिखरी अलक सुलझाइए
देर से ही लौटकर फिर आइए

यूं हुई आजकल चंदनी जिंदगी
प्रीति की एक दैनन्दिनी जिंदगी

किसके हाथों में सुराही किसके हाथों जाम होगी
है पता ऐ जिंदगी तू एक दिन इल्जाम होगी

यूं लकीरें कागजों पर खींचते रहिए मगर
एक सांचा है उसी में तो ढलेगी जिंदगी

2. प्यार

फिर दिलाने आयी हो प्यार की याद
हो चुका हूं बहुत पहले ही बर्बाद!

प्यार का सागर तुम्हारा नाम था
मैं तुम्हारा हर सुबह, हर शाम था

प्यार में दिल देखा–पहचाना नहीं जाता
बीती बातों का बुरा माना नहीं जाता

प्यार के बिना भी प्यार की बात होती है
अंधकार के बिना भी तो रात होती है

प्यार नहीं इतना निकट रहते हुए
शर्म आती है मुझको कहते हुए

प्यार का समय लौटकर आता नहीं
हर समय प्यार भी किया जाता नहीं

प्यार में बाधक नहीं पुरानी याद
और न यह कि क्या होगा इसके बाद!

प्यार में मुझको कि यों तुमने हरा दिया
दो दिलों के बीच समझौता करा दिया

प्यार के बदले यहां कलंक मिलता है
पंकज मांगता हूं तो पंक मिलता है

प्यार का ये अजब-सा तरीका तूने ठाना है
हर दूसरे दिन संग में दूसरा दीवाना है

प्यार से मैं तुझे देखता रहता हूं
तेरी महफिल से लापता रहता हूं

प्यार तुझको कभी कम किया नहीं
नाम तेरा लिया या लिया नहीं

प्यार का यह मेरा अंतिम गीत है
शब्द की हार है, पंक्ति की जीत है!

तेरी हंसी, तेरी रीझ, तेरा प्यार मुझको
आईं तेरी यादें कई-कई बार मुझको

भूला-भूला प्यार याद कर कि गम होता है
आंखें बहुत रोती हैं, आंसू कम होता है

भुला तो नहीं सकता हूं मैं तेरे प्यार को
काटना और बात है जिंदगी के भार को

सजनी, छिपा नहीं पाओगी सच्चे प्यार को
चतुर जनों से खाली समझो मत संसार को

हम उनसे कहने नहीं गए
प्यार कभी करने नहीं गए

सरस हृदयों का हीरक-हार
नहीं कुछ और छोड़कर प्यार!

सुनकर तुम्हारे मुख से आज प्यार की ये बात
जैसे कि चली फूटकर चन्द्रमा से किरन-पांत

प्यार की पायल गजल है
बज रही हर पल गजल है

3. याद

तुम्हारे जाने पर तुम्हारी याद आती है
तुम्हारे आने पर तुम्हारी याद जाती है

भूल गया नाम, लेकर उनका पता क्या करूं
कि याद कोई आता नहीं तो बता क्या करूं?

जब हमसे नाता तोड़ चले
क्यों याद हृदय में छोड़ चले?

पीर मिटाती नींद सुहानी
नीर बहाती याद पुरानी

यूं बैठा हूं इलाहाबाद
आती है बनारस की याद!

जब–जब कहीं नभ में दामिनी दमकती है
मेरे मन में तुम्हारी याद उभरती है

लौट जाते हो तो फूलों को भी लिए जाओ
क्यों ये चुभते हैं मुझे यादों के कांटे बनकर?

जब तुम्हारी यादों के घन बरसते हैं
मेरे गीतों के इन्द्रधनु बिखरते हैं!

देखकर इन गुलाबों को याद आ गया
आज आने का वादा किया था तूने!

छा गयी बन घन सघन आज किसकी याद
कर गयी गीले नयन आज किसकी याद?

याद है आज भी मुझको कहानी की तरह
वो हंसी तेरी 'पीनाज मसानी' की तरह!

4. अभिव्यक्तियां

क्यों जा रहे हो मुझको तुम छोड़कर अकेले
किसने नहीं हैं झेले इस तरह के झमेले

सोचा था मेरी बातों का जवाब न देंगे
मेरी ही मुहब्बत का मुझे हिसाब न देंगे

जाने की इजाजत नहीं है, राह है लेकिन
समझिए कि मुहब्बत नहीं है, चाह है लेकिन

बदला हुआ मौसम है, बदली–बदली बहार
बदले नहीं हैं हम तुम, बदला नहीं है प्यार

पंखुड़ियों के खुलते ही आते मधुप हजार
भोली कलियां क्या करतीं? आंसू रस की धार!

हंसता है जमाना हम पर, हम भी चलो हंसें
अंधों की किसी बस्ती में हम भी चलो बसें

दिल बदल गए, आंखों में लज्जा समायी है
समझ में बात कुछ आयी कुछ नहीं आयी है

कुछ और नहीं खुद को ही पी रहा हूं यारो
उन्माद जब तलक है मैं जी रहा हूं यारो

मत पूछ अपनी मौत पर तू गा रहा कैसे
कल जा रहा था जैसे आज आ रहा वैसे

जगह मिल जाए जो यहां बैठने भर की भी
उम्र कम है कि साकी को देखने भर की भी

उम्र भर कि उनके आने का इंतजार रहा
दिल मेरा एक अवैतनिक चौकीदार रहा

रास्तों पर से चला आया हूं मालूम नहीं
या चलकर रास्ते बनाया हूं मालूम नहीं

दूर-दूर छितराए राग-गहराए बादल
क्या भरा-भरा-सा लगता था आकाश भी कल

थके-थके पांव हैं, उदास, दूर खड़ी मंजिल
भरी-भरी आंखें हैं और खाली-खाली दिल

सोता हूं तो सपने में दौड़कर आती है
सामने आने से तू क्योंकर शरमाती है?

जितना ऊंचे फहरा सको फहरा दो झंडा
जितना नीचे गाड़ सको तुम गाड़ दो डंडा

आप इस घर को अपना समझिए या पराया
रोज न सही, कभी-कभी करिए आया-जाया

मैंने देखा है झूठे बन जाते आईने
सपने सच होकर आते देखा है सामने

दुख अपने मन में रखकर बिखराओ आनंद
अपनाओ तो कांटों को, बांटो तो मकरंद

अब कहने की क्या है सुनने की है क्या बात
सितारों से पूछ लीजिए कि घटा है कि रात

तेरे आने से संवेदित हो उठा है मन
और सुंदर, और कुछ सुमधुर लग रहा जीवन

ला सकता है तोड़कर आसमान के तारे
जो हिम्मत से काम ले वह तो कभी न हारे

मन की खिड़की खोलकर नयी हवा स्वीकारो
बाहर सुबह है, भीतर रात को मत संवारो

डायरी मेरी पढ़कर तुम उड़ाओगे हंसी
जाल ऐसा कि एक भी चिड़िया न आके फंसी!

सितारों में लिखी–लिखी–सी मधुभरी रात है
कि गीतों मे रची–रची–सी हृदय की बात है

अबुझ–अधूरी रहेंगी जितनी ज्यादा चाहें
उर–सागर में उठेंगी उतनी ऊंची आहें

दोनों नयन भरे आते हैं आज रह–रह कर
मुझको रुला डाला तूने केवल कह–कह कर

रात भर जागता रहा मैं जिस गजल के लिए
आइए सुन जाइए आप एक पल के लिए

आ गए पास अब जाने के दिन बहारों के
ये आखिरी खत है मेरा नाम कहारों के!

मंगलमय नव वर्ष रहे रे!
जीवन में नव हर्ष रहे रे!

ऊपर गगन, पार्श्व में गिरिवर
क्यों न लगे भू-जीवन सुंदर?

खोज रहा है इस घाटी में
जाने क्या मन धीमे-धीमे!

किससे क्या कहें इस हाल में
उलझा मन किसी के जाल में

सामने यार के है जानी
क्या करोगे लेकर निशानी?

सोचता हूं इन बदलियों में
कैसा है जीवन कलियों में?

सींचा था कितना हंसमुख हो
फूल न खिलें तो क्यों न दुख हो?

दूर तुझसे हो सकें जितना
अब रुलाओ रो सकें जितना!

उलझती कथा, मुरझती लता
क्या लिखूं? किस पर लिखूं कविता?

जी रहे तुम्हारे ही वास्ते
वर्ना मरने के सौ रास्ते!

तनिक चुप रहे, तनिक कहे रे
एक नाव दो ओर बहे रे

जब लोग बेकार रहते हैं
चार दिन भी बहुत लगते हैं

अपने होते हैं सपने भी
सपने होते हैं अपने भी

अच्छा हुआ आप चले गए
कितने हम जैसे छले गए!

कुछ भी नहीं तुम्हारा होगा
घायल हृदय हमारा होगा

सप्तर्षि से दूर एक देश
मिटेगा जहां हृदय का क्लेश!

क्या हंसे और क्या वह रोए
जो पाने से पहले खोए!

सोता हूं पर नींद नहीं है
शुभ दिन है पर ईद नहीं है!

पहनकर फूलों की जंजीर
सामने आज खड़ी तकदीर!

यूं तो लगता दिवस सुहाना
टूट गया इतिहास पुराना!

शून्य हृदय में जो चाहे दो
एक रहे कल, आज हुए दो!

कैसे काटूं यह इंतजार
चार युग हुए महज दिन चार!

समझता हृदय हृदय की बात
भूलती नहीं प्रणय की रात!

तेरा आना हुई क्या बात
न दिन दिन लगता न रात रात!

अब अकेले रह नहीं सकता
क्यों नहीं, यह कह नहीं सकता

चुना था फूल-फूल जोड़कर
लुटा दिया वह हार तोड़कर!

मत चलाओ और यह जादू
कहो तो मैं प्राण भी दे दूं!

वह भूल थी अथवा उन्माद
आई हो इतने दिनों बाद!

छूटे संग, टूटा संगीत
सपने हुए सपनों के गीत!

दिन होता पर शाम न होती
मस्त घटा बदनाम न होती

मन उदास रहा लेकिन
और कौन पास रहा तुम बिन?

वह घात न करो कि सह न सकें
वह बात न करो कि रह न सकें

लगता है आपको छोड़कर
कुछ टूटा है मुझे तोड़कर!

जा बहता भावों का झरना
तट से सट कर कभी न रहना!

विजय–पराजय से नियमित भव
कल नव, आज जीर्ण, कल फिर नव!

चलता जा रहा हूं किस ओर?
गलता जा रहा हूं क्या थोर?

मिलने को मन लगा तड़पने
दूर–दूर बीते दिन कितने!

तू गयी तो गयी हर बहार
सबको अब तेरा इंतजार!

आते-आते कहां रुक गयी
क्यों इतनी तू हुई निर्दयी?

रोशनी में डूबी रात थी
आप आते तो क्या बात थी!

दृगों में गुजार दें सप्ताह
चलो सह लें एक और आह!

यूं दर्द हरदम नहीं होता
एक पल भी कम नहीं होता

आंखों में कई समन्दर हैं
कुछ बाहर हैं, कुछ अन्दर हैं!

आंखों की बात सुनो भी तो
होने दो प्रात सुनो भी तो!

वर्ष का वर्ष से नाता है
एक आता, एक जाता है!

व्यस्त थे यूं बात में हम
सो न पाए रात में हम

एक तो वह रात भर सोने नहीं देते
और तो भिनसार भी होने नहीं देते

छोटी-सी लगती तेरी-मेरी बात
ज्यों जाड़े का दिन और गर्मी की रात

तुम धूप हो सुहानी मेरे प्रभात की
छोड़ो न साथ, काली है राह रात की

उड़ गईं बुलबुलें डाल को छोड़कर
कौन किसकी प्रतीक्षा करे उम्र भर!

छोड़ दे बुलबुल जहां पर बैठना
क्यों न जाए सूख शाखा आम की?

पास हो तुम दीपशिखा की तरह
आज त्यौहार दिवाली का हुआ

दीवाली के जगमग में ईद क्या मिली
वर्षा के साथ-साथ जैसे हवा चली!

जब आप इधर आते हैं
सितारे ठहर जाते हैं

आंखों के स्निग्ध पथ से उर में उतर गए
और ढूंढता रहा मैं अब वे किधर गए?

जब देखना था तेरे आने का इंतजार
अपने को देखता था दर्पण में बार-बार

तेरे जाने के बाद, सच मानो, यूं दिन बिताता हूं
कभी रोकर रह जाता हूं, कभी सोकर रह जाता हूं!

कहिए, समय ने हमको जल्दी मिला दिया
बेसब्र आंसुओं ने तो खूब रुला दिया!

जब से बसी है तू मेरे मन के मकान में
तेरा ही नाम उठता है मेरी जुबान में!

कोरी-कोरी गोरी तेरी कंचन-सी काया
मेरे उर में बसी जैसे तरु में बसी छाया

जो कि रोते थे समुंदर के लिए
आज रोते हैं बूंद भर के लिए

पूछो न, हम किस कदर जी रहे हैं
जैसे नशे में जहर पी रहे हैं

हंसता है मुझ पर तो संसार
पढ़-लिख कर बैठा हूं बेकार

नौकरी से तो आज कल
मौत का मिलना है सरल

जब खड़ा बाग में माली तुझे कांटों से क्या डर?
चुन ले वह फूल हो डाली में जो सबसे ऊपर!

उनके रक्ताभ कपोलों को पिया मैंने नहीं
ढल गयी रात का अनुभव भी किया मैंने नहीं

मुझे दूर की मुस्कराहट न भाती
आंसू लिए तुम मेरे पास आती!

हर खत का होता जवाब नहीं
हर नशीली चीज शराब नहीं

शराब पीकर कि तू लड़खड़ा नहीं
गांधी और गालिब में झगड़ा नहीं

एक दोस्त थे तुम जिसने जाना मुझको
गम में भी सिखलाया मुस्काना मुझको

मेरे दोस्त तुम्हारे बिन मेरा यहां कोई नहीं
बरसों से मेरी आंखें पल भर कभी सोई नहीं

दिल हो रहा है आहत मगर हम तो रोकते नहीं
वो खुद संभलते हैं जो दूसरों से संभलते नहीं

यहां आया था बहुत मैं चाह ले
लौटता हूं एक टूटी आह ले!

दिल से दिल किस कदर मिलता नहीं
जैसे जल में जल ठहरता नहीं!

क्या पूछते हो मेरी उदासी की बात
जागते ही काट दी मैंने सारी रात

बात छोटी-सी मन में बसा रहे हो
रुलाने वास्ते मुझको हंसा रहे हो

भरी-भरी शाम है और मौसम वसंत है
कोई कहे प्रारंभ, कोई कहे अंत है!

अपने अफसाने में कमलेश्वर कहां
वर्ना हम भी कम न थे दुष्यन्त से!

हम कलम ही चलाते हैं तो हो जाते हैं बदनाम
वो तलवार भी चलाते हैं तो चर्चा नहीं होती!

हैं और भी हिन्दी में गजलगो बहुत अच्छे
कहते हैं कि 'दुष्यन्त' का है अंदाजे–बयां–और!

पास में तुम थे, सुहाने–से रहे दिन भी मगर
उम्र भर 'सुकुमार' को क्योंकर रुलाई शायरी!

मंगलमय प्रिय बंधन
शुभमय हो नव जीवन

'बार' ने गालिब निकम्मा कर दिया
वर्ना हम भी आदमी थे काम के

बिखरी हुई चेहरे पर जुल्फों के मौलवी
होठों के पुजारी, हम आंखों के मसीहा!

कहती हुई हवा में फहरती है पताका
धरती पर भी उगा करते सूरज कभी–कभी

जन-जन की पूरित करती जो अभिलाषा है
लोक अदालत की वह पावन परिभाषा है

हमें दिए की तरह धार में बहा देना
हमें तो आंधियों के गीत गुनगुनाना है

आओ बैठें कुछ बतियाएं
जाने कब ये दिन फिर आएं

नकली 'मैं' से भागा जब
असली 'मैं' में जागा तब

मिले गुरु न मिटी वेदना
होगी पूर्ण कब साधना?

चंद पल में इंतजारों के बरस मिट जाएंगे
रेल इन स्टेशनों से अब गुजर जाने को है

मिल ही जाएगी फुरसत गजल के कारोबार से
आखिरी पुस्तक मेरी बाजार में आने को है

अब ये आरोप भी लो आज मिटा देता हूं
मैंने हिंदी में गजल तो कही, शेर न कहे

कुछ चिट्ठियां उदास, कुछ मुरझाए हुए फूल
बाद ट्रान्सफर के मेरे बंगले से ये सामान मिला

देखो, तुम लालची हुई तो मैं भी कंजूस हो गया
ऐसा नहीं कि तुम बिल्ली हुई और मैं मूस हो गया!

बाप के सामने बेटा यों रंग जमाता है
जैसे बाप खर्चता है और खुद कमाता है!

ये क्या हुआ कि मेरे मन के बाग में
खिलता नहीं अब फूल कोई गुलाब का

जो तरसते रहे जुगनुओं के लिए
आज उनके दुआरे खड़ा चांद है!

आज तो मुश्किल है बरसात का थमना
यूं बरसने का कोई मौसम नहीं है!

हृदय में जगह की कमी पड़ गई जब
भवन बन गए आंसुओं के नयन दो!

एक दिन बेशरम एक आंधी उठी,
कुछ झुका आसमां, कुछ जमीं भी उठी!

कचहरी की नौकरी या कि सोना है,
इसे न पाना अच्छा औ' न खोना है!

आठ बजे हैं खुली खिड़कियां
बाहों में मनचली लड़कियां!

सभ्य शहर है
होटल घर है

हर किसी में थोड़ा गुण और थोड़ा-सा ऐब होता है
थोड़ा तो सुख देता है, थोड़ा स्काई-लैब होता है!

सेबों के बाग में दिल भूखा पड़ा हुआ है
काली घटा के रहते सूखा पड़ा हुआ है

फूल में जो बन्द हैं
आग के कुछ छन्द हैं

मुन्सिफ भी हूं, शायर भी हूं
जो भीतर हूं, बाहर भी हूं!

आया नव वर्ष
छाया नव वर्ष

दुश्मनी हमसे तो अब निभाई नहीं जाती
ये वो मस्ती है जो सिखलाई नहीं जाती

कविता औ' कचहरी
जीवन की सहचरी!

उम्र भर पीते रहे
यूं सदा रीते रहे

दीपमालिका हो यह सबको शुभ मंगलमय
अंतस् से हो दूर तिमिस्रा का भीषण भय!

आज कार्तिक पूर्णिमा का पर्व पावन
ढल गया, रीता रहा इस बार भी मन!

आस है, विश्वास है इतना सरल
हर सरोवर में खिलेंगे कल कमल!

तुम अगर सुनोगी तो और कल सुनाऊंगा
रात अभी बाकी है, मैं गजल बनाऊंगा!

रस में बहस है
बहस में रस है!

पत्थर के इन शहरों में क्यों आईनों की दीवारे हैं
धूप चांद से मिली हुई है सूरज के साथी तारे हैं

आज जी भर तुम्हें देख लें
हम लिखेंगे गजल बाद में

मसले गए सदैव हम फूल की तरह
हंसते रहे कि भूल गम फूल की तरह

यह सर्वहित की सुरनदी नव भावना नव साधना
सर्वत्र ही हो सर्वदा साहित्य की आराधना

मुझे गालियां उन्हें तालियां
मुझे रेत-कण उन्हें प्यालियां

मैं ईश्वर से नहीं डरूंगा
जब चाहूं बेफिक्र मरूंगा

अद्भुत लेखन
केवल नमन!

नित नव सृजन की साधना
साहित्य की आराधना

अजब होली की कहानी क्या करें
है अनोखा रंग पानी क्या करें?

नित नूतन श्रृंगार आपको शुभ हो
शब्दों का उपहार आपको शुभ हो

व्यथा सदी की कुछ छूकर
नव भावों की गजल कही

शायरी का कक्ष हूं मैं
एक शापित यक्ष हूं मैं

हैं और भी आगरे में गालिब के दीवाने
लेकिन है 'अरुण डंग' का 'अंदाजे-बयां' और

मेरी तो मजबूरी है
कविताई मजदूरी है

मुस्कराइये कि अदालती आदेश है
हाथ मिलाइये कि अदालती आदेश है

न्याय हो सस्ता सुलभ सबको
कल्पनाएं हैं कचहरी की

नम्रता, निष्पक्ष-निर्भयता
कोशिकाएं हैं कचहरी की

किन शब्दों में करूं समर्पित सबको अपनी गाथा
जब-जब ध्यान तुम्हारा आता झुक जाता है माथा

इल्जाम लगाएं तो भला इन पे किस तरह
खुद आईनों को आजकल छलने लगे हैं लोग

धूप हमेशा सिर पर मेरे यूं तो तनी रही
आशीर्वादों की छाया भी उतनी घनी रही

मीर-गालिब का वो अंदाज कहां से लाऊं
आपके ख्याल में आऊं तो किस तरह आऊं?

साफ कहते भी नहीं साफ मुकरते भी नहीं
हाकिमों की अदाएं भी हैं हसीनों जैसी

कोई यहां पर मस्त तो कोई उदास है
हर शख्स गुनाहों के बहुत आस-पास है

जब तलक है आग में तपती नहीं अच्छी गजल
इस तरह तो हर समय बनती नहीं अच्छी गजल

जो कहा जिसने, किया, यूं ही गंवा दी उम्र भी
कभी सोचा ही नहीं ये क्या हमारे हक में है?

इंद्रधनुषी रोशनी है हर तरफ
बादलों के घर जरा तो देखिए

रात भर जलता चिराग हूं मैं तो
इस सदी की नई आग हूं मैं तो

और भी गम हैं जमाने में मुकदमे के सिवा
मेरे सरकार कोई नजदीक की तारीख न मांग

उत्सव में यूं इस बार नहीं हूं मैं
क्या फर्क पड़ेगा, पड़ा कहीं हूं मैं

वो तो माहिर हैं होश उड़ाने में
मुश्किल ये है कि होश हो तो सही

जिसकी होनी थी वो हो ली
हम क्या खाक मनाएं होली

रंग अंदर से भिगाते हैं
गुलाल-अबीर ऊपर से उड़ जाते हैं

नए भारत के नए अवतार हैं
राष्ट्र के संकल्प शुभ साकार हैं

मंगलमय नव वर्ष रहे
नव उमंग उत्कर्ष रहे!

फिर वसंत छा गया हृदय में
स्पंदित नव मधु-राग समय में!

एक पंक्ति मेरी भी

1. नींद क्यों रात भर नहीं आती

कोई उम्मीद बर नहीं आती
कोइ उठती लहर नहीं आती
कोई सूरत नज़र नहीं आती

मौत का एक दिन मुअय्यन है
जिंदगी हादसों का दर्पन है
नींद क्यों रात भर नहीं आती

आगे आती थी हाले–दिल पे हंसी
बेजुबां टेलीफोन–बिल पे हंसी
अब किसी बात पर नहीं आती

का'बा किस मुंह से जाओगे 'ग़ालिब'
कैद से छूट पाओगे 'ग़ालिब'
शर्म तुमको मगर नहीं आती

हम वहां हैं जहां से हमको भी
साथ चलते हुए कदम को भी
कुछ हमारी ख़बर नहीं आती

मरते हैं आरज़ू में मरने की
ये कचहरी है आह भरने की
मौत आती है पर नहीं आती

✍ ग़ालिब

2. कर्ज़ की पीते थे

कर्ज़ की पीते थे मय लेकिन समझते थे कि हां
आपको कुछ याद होगा हम न कहते थे कि हां
रंग लाएगी हमारी फ़ाक़ामस्ती एक दिन

कब वो सुनता है कहानी मेरी
दास्तां दिल की पुरानी मेरी
और फिर वो भी ज़बानी मेरी

'ग़ालिब' वज़ीफ़ाख़्वार हो, दो शाह को दुआ
माना कि न्यायाधीश हो तो इससे क्या हुआ
वो दिन गए कि कहते थे 'नौकर नहीं हूं मैं'

हैं और भी दुनिया में सुखनवर बहुत अच्छे
शब्दों के पुजारी और शायर बहुत अच्छे
कहते हैं कि 'ग़ालिब' का है 'अंदाज़े-बयां' और

✍ ग़ालिब

3. वर्ना हम भी

ख़त लिखेंगे, गर्चे मतलब कुछ न हो
और वह भी करने को जब कुछ न हो
हम तो आशिक़ हैं तुम्हारे नाम के

इश्क़ ने ग़ालिब निकम्मा कर दिया
शायरी ने और भी गम भर दिया
वर्ना हम भी आदमी थे काम के

— ग़ालिब

4. ये माजरा क्या है

दिले–नादां! तुझे हुआ क्या है
ये गवाही! ये फैसला क्या है
आखिर इस मर्ज की दवा क्या है

हम तो मुश्ताक और वो बेज़ार
दिल है फौलाद नाम है सुकुमार
या इलाही! ये माजरा क्या है

मैं भी मुंह में जबान रखता हूं
हूं तो दीवार कान रखता हूं
काश! पूछो कि 'मुद्‌आ क्या है?'

ग़ालिब

5. हंगामा है क्यों

हंगामा है क्यों बरपा थोड़ी सी जो पी ली है
हर सांस जवानी की वैसे ही नशीली है
डाका तो नहीं मारा चोरी तो नहीं की है

✍ 'अकबर' इलाहाबादी

6. शायरी उम्र भर नहीं आती

उम्र भर का है तजुर्बा अपना
कब हुआ किसका ये पूरा सपना
शायरी उम्र भर नहीं आती

— फ़िराक़